"Indicador de Seguirdad Juridica (ISJ): "Calidad de Gestion de los Procesos del Estado"

ISBN: 9798669220853
Sello: Independently published
ISBN de KDP a este libro
Publicado en Amazon (2020)
Editorial EditOB *de Ricardo Francisco Ortola Bosio*
Todos los derechos reservados.

Indicador de Seguridad Jurídica (ISJ): "Calidad de Gestión de los Procesos del Estado"

Autor: Ricardo Francisco Ortola Bosio

* II Congreso Bienal de la Cátedra Jurídica de Girona, Buenos Aires, 2017.
En esta URL: http://congresoseguridadjuridica.com/?page_id=14 podrá encontrar el documento PDF *"Propuesta de indicadores de seguridad jurídica"* para Iberoamérica.

Índice

Introduccion..4
IParte..9
Conclusion Parte Final...39
II Parte..46
Oportuna Propuesta de Incluir el Factor (...)...70
El Factor y Subfactores propuestos (...)...72
Valoración de los Subfactores (...)..79
Conclusion Final..81
ANEXO...85

Introducción

> *"Lo que no se mide no se puede mejorar"*
> Peter Drucker

En realidad, la frase atribuida frecuentemente al inventor del Magnagment, está seguramente inspirada en Lord Kelvin (matemático y físico británico 1824-1907) quien afirmó que: *"Lo que no se define no se puede medir. Lo que no se mide no se puede mejorar. Lo que no se mejora, se degrada para siempre".*

Estos conceptos, tan oportunos para mi propuesta, me inspiraron en esta introducción. Se puede leer en esas categóricas expresiones, que dichos pensadores, revelan la preocupación seria y severa del pensamiento científico. La cual comparto y que con idéntica intensidad construiré mi propuesta destinada al *"II Congreso Bienal de Seguridad Jurídica y Democracia en Iberoamérica"* a celebrarse en la ciudad de Buenos Aires, Argentina.

He realizado este Ensayo con el objetivo de contribuir, al proceso en construcción, de un *Indicador de Seguridad Jurídica* que mida en tiempo real: *"(...) un estado de cosas que se presenta cuando los tres poderes del Estado (Legislativo, Ejecutivo y Judicial) cumplen con la exigencia de llevar a cabo sus funciones de manera tal de proveer a las personas físicas y jurídicas la confiabilidad y calculabilidad jurídicas para permitir el ejercicio de sus derechos y el cumplimiento de sus obligaciones".*[1]

El párrafo citado arriba, señala claramente, que el foco esta puesto en el funcionamiento del Estado. Razón por la cual, en esta propuesta se considera ontológicamente el concepto de Sociedad como el Sistema de Sistemas y conforme la concepcion del Filósofo y Matemático Mario Bunge[2]. La Sociedad, que a su vez se compone por los siguientes subsistemas: 1) Sociedad Civil, 2) Estado, 3) Mercado y 4) Cultura, cuyo funcionamiento los relaciona entre si de manera inseparable. Y aunque en la realidad se observa como un solo y unico Todo, esos subsistemas son distintos y se rigen por distintas leyes *(algunas de la Naturaleza y otras de la Cultura, en otros casos con ambas)*, se relacionen o no, se alimenten o no, unos de

---

[1] Del documento *"Proyecto sobre Indicadores de Seguridad Jurídica en Iberoamérica"* publicado por la Cátedra Juridica de Girona.
[2] BUNGE, Mario. *"Las Ciencias Sociales en Discusión"*. ED Sudamericana. 1999.

otros. Destaco esta característica, al abordar su observación y conocimiento, en primer lugar para su comprensión, y luego, para poder realizar la transformaciones que el Sistema y sus Subsistemas requieran. Por ello este tópico será tratado en el principio del Ensayo, ahí serán ampliados los conceptos sobre la Sociedad en general y los Subsistemas que la integran, aplicando el Diagrama de Venn y los razonamientos gráficos que este permite, a los fines de obtener una explicación traslúcida.

El objetivo de la propuesta consiste en incorporar un nuevo Factor al Indicador de Seguridad Juridica ISJ *(en proceso de creación a través de la Catedra de Cultura Jurídica de Girona)*. Concretamente, se trata de la incorporación de las Normas ISO que permitirán, como veremos en este Ensayo, un conocimiento y la posterior evaluación *(medición)* de la calidad de los procesos de los Poderes del Estado, que son tres: el Legislativo, el Ejecutivo y el Judicial.

Esto podrá ser aplicado en los Paises que integran el territorio de Iberoamérica. A ese fin recordaremos los conceptos con que se define y diseña el Estado por la teoría que lo describe como artefacto. Razón por la que también será aclarada esta cuestión mas adelante.

La calidad de un proceso de gestión se puede medir aplicando las Normas ISO a los procesos de la actividad de un Estado. En realidad, se puede medir la calidad de esos procesos y obtener un criterio con ese dato ya que los estándares son universales como ya sabemos. Al respecto, hay una breve reseña de esta organización internacional con sede en Suiza, sus vínculos con los países que interesan en este caso, y demas conceptos que permitan comprender su importancia y valor.

Al evaluar el mejor camino para exponer esta propuesta se decidió hacerlo en 2 Partes totalmente conectadas y referenciadas entre si, particularmente la Primera con la Segunda.
En la I PARTE se presenta una Cosmovisión centrada en los siguientes conceptos: Estado, País/Nación, Democracia. Luego el Paradigma de la Realidad con que funcionan y se agrega para su explicación un Gráfico. Por último, se realiza la conclusión de lo expuesto para aplicar a la propuesta.

En la II PARTE la descripción del FACTOR: *"Calidad de Gestión de los Procesos del Estado"*, a partir del cual se establecen los Subfactores que se utilizaran para medir la Calidad en los procedimientos de gestion de los Poderes del Estado y la Metodología propuesta para su valoración. Esto se pondrá con la visibilidad que el dato deberá tener.

I Parte

Conceptos Previos

Partiendo de aquella afirmación de Bunge (2000) quien dice: *"todo lo que se ve ha sido observado desde algún punto de vista: no hay visión desde ninguna parte"*, coincido en que el enfoque filosofo político solo puede tener tres únicas posibilidades a) el holismo, b) el individualismo y c) el sistemismo, siendo esta última la posición que he adoptado para mi ensayo.

Las premisas o Cosmovisión que rigen básicamente esta hipótesis de Factor, que se refiere a la calidad de gestión en los procesos del Estado componen la siguiente lista:

- Que la Sociedad es un sistema de sistemas y contiene todos los subsistemas que la componen.
- Que la Nación y/o País se expresa como la Sociedad más el Territorio y constituye para este ensayo una unidad analizada solo desde este punto de vista.
- Que la realidad social a los efectos de este análisis se forma por tres áreas denominadas la Sociedad Civil; el Estado y el

Mercado y que estas dos últimas están contenidas en la primera.

- Que cada una de las tres áreas en el punto anterior mencionadas son ontológicamente diferentes y autónomas entre ellas, aunque se influyan como puede verse en los gráficos.
- Que están unidas por un mecanismo que actúa una sobre las otras y viceversa todas sobre todas
- Que presentan intersecciones en las que se superponen y cruzan dos de ellas o las tres
- Que en todas las situaciones interviene la Sociedad Civil, pero a la inversa pueden existir situaciones en que el Estado o el Mercado no se interfieran, ni se superpongan o que si lo hagan. Ejemplo que el Estado no alcance a coincidir con su presencia en toda el Área de la Sociedad Civil, Ídem con el Mercado también respecto a la Sociedad Civil.
- Que solo la Sociedad Civil puede presentar (y generalmente es así) zonas de su área sin tener interferencia con las otras dos. Verbigracia: indicador en el que se visualiza gráficamente la "ausencia del Estado" y la de "máxima Pobreza" por inexistencia del Mercado.

- Que el planeta Tierra, en su aspecto conocido, está poblado en su parte continental de Países y/o Naciones que conviven mediante un "Sistema Mundo" sin una autoridad supranacional.
- Que todos los Países y/o Naciones presentan la composición básica Social de una Sociedad Civil, un Estado y el Mercado, además de otros subsistemas peculiares o no, incluidos los religiosos.
- Que hay variados y diferentes formas y/o sistemas de gobierno por lo que, en consecuencia, existen distintas y diferentes clases de Estado
- Que entre los distintos diseños de Estado está la República Representativa y Democrática que es única entre todos los demás sistemas de gobierno y cuyo modelo emblemático para ilustrar al lector, evitar ambigüedades o equívocos, ponemos por ejemplo a la de los Estados Unidos de Norteamérica. Como conclusión señalo que la clave que diferencia un País y/o Nación con otro, tanto en el funcionamiento interno como externo, esta dado por el sistema de gobierno.

¿Que es el Estado?[3]

Convivimos con otros animales de la Tierra, nos reconocemos como "*homus sapiens*" porque hablamos y somos los únicos que escribimos lo hablado. Además, instalamos Estados para socializarnos como especie. Estos dichos sintetizan las secuencias de un proceso seguido por los humanos que son los únicos animales terrestres que pueden utilizar el lenguaje como una herramienta para evolucionar. En esto no estoy diciendo nada nuevo habida cuenta que la escritura constituye, para una inmensa mayoría de historiadores, el hito donde da comienzo la Historia[4] y se da por terminada la Prehistoria del hombre.

El lenguaje (*oral y escrito*) es una singular convención contractual entre una innumerable cantidad de individuos que: "pactan que la palabra pacto ha sido pactada". A partir de lo cual el lenguaje se convierte en la herramienta de

---

[3] "*La Republica Digital*", Primera Parte (cosmovisión y paradigma). Ricardo F Ortola Bosio. Amazon.

[4] La PIEDRA DE ROSETTA es un fragmento de una antigua estela egipcia de granodiorita inscrita con un decreto publicado en Menfis en el año 196 a. C. en nombre del faraón Tolomeo V. El decreto aparece en tres escrituras distintas: el texto superior en jeroglíficos egipcios, la parte intermedia en escritura demótica y la inferior en griego antiguo. Gracias a que presenta esencialmente el mismo contenido en las tres inscripciones, con diferencias menores entre ellas, esta piedra facilitó la clave para el entendimiento moderno de los jeroglíficos egipcios.

herramientas y con las que la humanidad se ha autoconstruido mediante una específica evolución llamada Civilización y mediante ella superar la "animalidad" con la que el hombre apareció en el mundo.

El hombre es un animal más de la naturaleza que, en algún momento de su historia (*por causas que todavía se desconocen*), descubrió la estrategia conceptual de la "herramienta", y luego, empezó un largo proceso de construcción de artefactos con los que se ayudó para la supervivencia en forma sostenida y sustentable. Piénsese, por ejemplo, en la caza de presas con trampas estratégicas para alimentarse, ampliando y aumentando su dieta al poder reducir animales de gran ferocidad y de tamaños enormes. También imaginó y planificó el futuro con datos de la experiencia (comportamiento y costumbres de la presa, entre otros). Luego ordenó esos recuerdos que transmitió a los descendientes como instrucciones solo de las experiencias seleccionadas como exitosas (Know How)[5] mediante el lenguaje. Esto generó una gran acumulación en una memoria colectiva que utilizaron las

---

[5] Conocimiento fundamental, es un neologismo anglosajón que hace referencia a una forma de transferencia de tecnología. El know-how tiene una directa relación con la experiencia, es decir la práctica prolongada que proporciona conocimiento o habilidad para hacer algo.

nuevas generaciones para construir armas más eficaces, redes, fosos, jaulas, y hasta medios para defenderse de los semejantes, etc.

Es cierto que muchos animales usan herramientas para obtener resultados relacionados con su sobrevivencia, pero son episodios aislados y repetidos con rutinas idénticas, durante millones de años que no modificaron el ser de los chimpancés, bono-bobos, horneros, nutrias de mar, etc., y ni hablar de los castores que son casi ingenieros en construcción de diques.

En el hombre, la matriz cerebral de su pensamiento, le permitió instalar en el lóbulo frontal el lenguaje[6] y asociarse a los semejantes mediante la comunicación posibilitada por el pacto del idioma.

Stanley Kubrick comienza su film "2001. Una odisea en el espacio" con un episodio que ocurre en la prehistoria. En la escena inicial, dos grupos (6 o 7 de cada lado) de hombres primitivos, se enfrentan a orillas de un arroyo y pelean por el lugar a donde otros animales van a beber agua y pueden ser

---

[6] CALVIN, William H. y BICKERTON, Derek. "Lingua ex Machina". GEDISA. Ed. 2001 Barcelona.

cazados. La lucha es equilibrada y no hay primacía de un bando sobre el otro. Se ven sus gestos agresivos, gritos amenazadores y hasta algún empujón que inmediatamente hacen monótona la escena. De pronto, el líder de uno de los grupos descubre en el suelo un fémur parecido a un bate de beisbol, está al alcance de su mano, como un relámpago toma el hueso y golpea con tremenda fuerza la cabeza del adversario que se derrumba pesadamente al suelo.

El cuadro cambia drástica y dramáticamente, un bando huye del lugar y los ganadores toman el territorio. En la película, el ganador empieza a festejar su éxito y arroja el hueso por el aire, la cámara enfoca la ocasional arma volando en el espacio y pone esa imagen en el centro de un primer plano hasta que se convierte en la estación interespacial girando en la órbita terrestre de nuestros días.

Kubrick, focaliza el hueso arrojado al aire en son de festejo para simbolizar el descubrimiento de la herramienta, a partir de este hito el hombre, mediante los artefactos de su creación, transformó singularmente su ser al mejorar la calidad de vida de su entorno inmediato. Como en aquella escena de "2001 Odisea en el espacio" el hueso volando se convierte luego en la famosa estación espacial que hoy está orbitando alrededor del planeta tierra.

El homus sapiens al final de su animalidad, el hombre salvaje si se prefiere, estaba dotado para hablar y no lo hacía, tenía herramientas que utilizaba para cazar y abrigarse, hasta seguramente utilizaba un protolenguaje con el que daba indicaciones (el legendario y antropológico: ug, ug), llamaba la atención y avisaba de su presencia

territorial. En fin, ejecutaba los actos legislados por la ley de la naturaleza, de cumplimiento obligatorio en su reino, incluso los que se originan en la propia genética como la voz, silbar, imitar o refugiarse en la cueva. Todo lo que ocurre y hace el homus sapiens, entonces, es natural y pertenece a la naturaleza.

Sin embargo, inesperadamente en ese proceso natural ocurre un mini bing-bang y el ser humano logra mediante el lenguaje comunicar su inteligencia con la de un semejante y viceversa, se ha generado una experiencia inédita para la especie humana y el hombre modifica su relación con el mundo natural y el universo.

Durante 100.000 años de vida en la naturaleza el ser humano no necesitó un Estado para sobrevivir, pero a partir de ese mini bing-bang la humanidad inicia la historia de la Civilización. Aparece el homus civilis.

Volviendo a "2001. Odisea del espacio", podríamos ver en la escena del hueso al líder del grupo al primer jefe y/o Rey, cuya virtud fue inventar el arma para derrotar al adversario y autoridad sobre los propios que se convierten en súbditos porque se benefician con el éxito. Si modificáramos la metáfora de Kubrick reemplazando la estación espacial por el Partenón, la película hubiera tratado sobre la historia del Estado. El Estado es un artefacto, como señala Edgar Morín en El Método V (2003): ..." Para considerar el Estado hay que concebir la noción de aparato. Esta noción es inexistente en la ciencia política, así como en las concepciones libertarias o marxista". Es un objeto artificial porque ha sido creado por el hombre y no por la naturaleza, lo que no significa que sea antinatural.

Y dice el Dr. Bunge: "*Los artefactos difieren de los seres naturales en que han sido diseñados y hechos, no encontrados. Un hacha, un ordenador, un fruto genéticamente modificado, una escuela y un banco son materializaciones de ideas*"[7].

Estoy convencido que el Estado es una herramienta del hombre para obtener los recursos que requiere su existencia y/o sobrevivencia del mundo natural y /o universo con el fin de lograr la felicidad y la de sus semejantes.

Por estas razones el Estado es y debe ser perfeccionado con el solo objetivo de que con su funcionamiento los seres humanos obtengan la felicidad a la que aspiran.

Para concluir sostengo definitivamente que el Estado es el único súbdito que debe haber en una sociedad, donde todos los hombres, para quienes este artefacto está, son los únicos y verdaderos amos.

La Unidad: País y/o Nación[8]

Al igual que el Estado, la Nación es una construcción del hombre, con la diferencia que la Nación ha sido construida por

---

[7] BUNGE, Mario. "100 IDEAS" (EBOOK).
[8] "La Republica Digital", Primera Parte (cosmovisión y paradigma). Ricardo F Ortola Bosio. Amazon.

el Estado[9] . La Nación de ninguna manera es una "naturaleza" que transmite a los seres humanos que nacen en su territorio singulares características con las que se forma una identidad nacional en las personas.

La Humanidad *(al día de hoy)* se esparce por el planeta en grupos de individuos, que previa apropiación de un territorio, se instalan en espacios denominados Países. Sus integrantes se identifican, en cada uno de ellos, como nativos o nacionales *(del interior)* y para los que no lo integran *(del exterior)*, de cuya instrumentación se encarga el Estado en un proceso de común acuerdo con sus integrantes.

Desde el principio la Civilización continua siendo, un proceso de hombres agrupados, unidos y asociados mediante tres realidades diferentes y claramente distinguibles que son la Sociedad Civil *(el conjunto de individuos integrantes del grupo)*, el Mercado *(los actos y hechos realizados por el grupo para obtener los bienes y servicios necesarios para que todos sobrevivan)* y el Estado *(los actos y hechos realizados por la organización institucional que disciplina*

---

[9] SEBRELI, Juan José. "Critica de las Ideas políticas argentinas". Pag.132.

y mantiene su accionar conforme al protocolo constitucional de esa acción dirigida a la sociedad). Estas tres realidades están sincronizadas por las conductas de las personas que componen cada una de ellas generando el proceso civilizador.

La descripción anterior es una estrecha síntesis de la creación de Países y/o Naciones tal como hoy los conocemos. Aclaro esto, porque el proceso real evolutivo, es de una gran extensión temporal y de su conocimiento se ocupa la Ciencia de la Historia de la Humanidad en general, y de las Instituciones en particular.

Actualmente el mundo se ha formado con procesos políticos vividos por todos los seres humanos, y tras ese destino común de lograr la felicidad individual. Fukuyama en "*El fin de la Historia*", al final de su libro, utiliza una metáfora donde señala que los países son como carretas *(básicamente iguales y presentando matices que las diferencian como colores o accesorios, cantidad de ocupantes, la raza de los caballos de tiro, etc.)* pero que todas van marchando hacia un mismo destino. Se ven algunas *(muy pocas)* que están cerca de la llegada, las demás se encuentran rezagadas y ocupan distintas posiciones respecto al destino final. Tal como ocurre en una carrera de automóviles. Algunas carretas presentan dificultades en el andar de su carruaje, otras lidian con algún caballo lastimado, otras se demoran en asistir a alguno de sus tripulantes que se ha accidentado. En fin, avatares que retrasan el viaje de algunos y favorecen a otros que pueden adelantarse en ese camino hacia el mismo destino. Incluso, podría intuirse que como ocurre con las carretas habrá países que nunca llegaran. La unidad Nación y/o País denota una acepción cultural que significa composición positiva *(no positivista)* de su contenido, a saber: territorio, población, PBI, costumbres, idioma, raza, religión, educación, etc. Es obvio que todos los Países no son iguales, ni simétricos, pero sus habitantes son seres humanos *(parte biológica/natural)* y se agrupan con una organización que los relaciona mediante un sistema social o sociedad *(parte cultural)*.

Básicamente se puede observar la existencia de: 1) los individuos relacionados entre sí, y 2) la organización sistemática de la relación entre personas y demás partes y/o objetos de ese todo al que denominamos Sociedad.

La organización es una creación del ser humano que se construye por la acción de dos o más individuos. Es artificial y su complejidad aumenta con la densidad demográfica siendo la calidad de su convivencia directamente proporcional a la incorporación de Sociotecnologías. Por tal razón se puede decir que la historia de la evolución en la organización de cada sociedad coincide con la historia de la civilización[10].

Esa organización simple del grupo familiar con el padre-jefe, es endogámica. Luego se pasa a la exogamia en la que los hombres se cruzan biológicamente con mujeres fuera del grupo familiar. Este proceso en su propia dinámica lo lleva de la vida tribal, a la ciudad-estado, de ahí al estado-nación y por último a los Países en los que actualmente emerge[11].

En esta conjetura la unidad social coincide con el concepto siguiente: $\{País/Nación = [Sociedad + (Estado + Mercado)]\}$[12], que se relaciona con otros Países y/o Naciones mediante el Sistema Mundo.

Corrobora esto la existencia de Organismos instalados y creados para asistir, producir soluciones, evitar conflictos que provocan las asimetrías entre Países. Sin embargo, todavía no hay un Estado Supranacional o mejor dicho no existe una

---
[10] Karl Popper. "Conjeturas y sus refutaciones".
[11] Mario Bunge. "Las Ciencias Sociales en discusión", pág. 23/24
[12] Formulación algebraica. (N. del Autor)

organización como en los Sistema Sociales de las unidades locales a las que llamamos País y/o Nación, aunque es posible pronosticar, por la tendencia actual, que ello se produzca[13]

La Democracia[14]

¿Qué es la Democracia? Voy a contestar esta pregunta recurriendo a la definición aristotélica cuya fama me da una ayuda adicional. Como se sabe, según el estagirita, es la forma de gobierno en la que todos los gobernados participan de la gobernanza. Su perfección es la Democracia Directa que es su forma ideal y solo materializada en Atenas. Eso duró muy poco y fue desplazada por otras formas como el Imperio o la Monarquía y luego variantes de la Aristocracia. También se conocieron sus formas desviadas o corruptas como la Tiranía, la Oligarquía y la Demagogia.
La Democracia es el gobierno de todos y es la mejor de todas las propuestas. Hasta ahora solo la hemos podido conocer de una manera aproximada, lejos de su ideal que es la forma

---

[13] Inmanuel Kant. (Proyecto de la Liga de las Naciones)
[14] "La Republica Digital", Primera Parte (cosmovisióny paradigma). Ricardo F Ortola Bosio. Amazon.

directa, y en ese proceso histórico, solo fue posible la democracia que instaló Roma con la Republica.

Acá quiero destacar dos cuestiones, 1) la *"provisoriedad"* del Estado y 2) y la *"representatividad"* con lo que fue resuelta la imposibilidad de una gobernanza directa por el número de ciudadanos.

La Democracia Representativa es la intermediación con que se reemplaza a todos, ya que todos no pueden gobernar por una imposibilidad material de hacerlo. De esta manera la Democracia directa (la de los Cantones Suizos) completó el protocolo constitucional instalando la característica del gobierno de funcionarios que "representan" a todos tal es el mecanismo con que funciona. Por esta fundamental causa y razón, en este provisorio sistema hay dos columnas básicas que son: 1) el "acto electoral" (elecciones) por el voto de todos los ciudadanos instalando así la soberanía popular y 2) el "principio de legalidad" impuesto por el imperio de la Ley. Si bien es cierto que pueden agregarse otros principios a los citados, estos que hemos nombrado son las bases mismas del Estado democrático.

Advierto que un Estado puede tener un Gobierno que no sea democrático y tampoco republicano. Observando el proceso histórico del sistema Político podemos ver que muchos países no han adoptado al día de la fecha ni la Republica y tampoco la Democracia, y, sin embargo, funcionan desde hace siglos, por ejemplo, monarquías, imperios, emiratos, etc. Aprovecho para recordar, que la moderna y actual forma republicana data de los finales del Siglo 18, apenas 250 años atrás.

La Democracia es menos instrumental que la Republica y más adjetiva, es muy cierto que tiene una historia antigua y de mayor relieve en el plano de la teoría política, recuérdese aquella clasificación aristotélica del "gobierno de todos", lo que no resultó tan fácil de que ocurriera siendo tan sencillo decirlo.

La Democracia encontró en su propuesta, contundente y clara (el gobierno de todos) un primer gran obstáculo en la esclavitud. Recuérdese que fue una formula legítimamente reconocida y que fulminaba el principio de igualdad. La esclavitud fue una institución humana y universal derogada solo hace unos 200 años. Y la humanidad basó su crecimiento económico en ese recurso. La esclavitud de seres humanos por seres humanos a pesar de su éxito económico cayó por el escándalo moral que llevó a los hombres a su abolición definitiva. Es obvio que anulaba la igualdad siendo esta la principal condición exigida para el funcionamiento y materialización de un gobierno democrático. No obstante, este cuadro todavía existe entre los seres humanos con la famosa discriminación por alguna razón y/o argumento enfermo y disparatado.

La Democracia queda instalada solo y solo si los gobernantes acceden al Poder Político mediante el acto electoral con el voto de todos los ciudadanos (soberanía popular) materializándose mediante el principio de legalidad que consiste en el cumplimiento irrestricto de la ley.

La Democracia es como dijimos el gobierno de todos y esto no es una cuestión accesoria o periférica sino un objetivo final encaminado a que la sociedad que adopte este camino pueda lograr que sus decisiones comunes a todos los que integran esa sociedad participen con su voluntad individual en su elaboración. Hay muchos obstáculos para que eso sea posible, el aumento incesante de la densidad demográfica del grupo es y ha sido un obstáculo hasta ahora insalvable para que ocurriera en la realidad una decisión consensuada y donde todos hayan participado volcando su voluntad al decisorio final. Como se puede ver la representación vino a solucionar esta cuestión y con ella tampoco hemos conseguido grandes resultados. En algunos países con fuertes bases morales nació una ética pública importante en gran parte de la clase política a la que le tocó hacer de representantes diciendo: <u>... "Nosotros, el Pueblo..."</u>, pero eso no alcanzó para neutralizar los defectos de la representatividad. Gobiernos desviados de los mandatos de sus votantes, gestionando en nombre de sociedades enteras para satisfacer objetivos personales y todo tipo de fantasías propias de la individualidad que degeneraron los propósitos de un sistema creado para objetivos comunes y propios de la civilización, se convirtieron en las dictaduras y tiranías más tremendas y horribles de la humanidad.

Hoy ha llegado Internet para siempre y entonces es posible, que esta cuestión, de índole organizativa pueda ser superada y permita la *"Democracia integral"* o *"Tecnoholodemocracia"*.

Para instalar lo mejor posible su significado cito a su mentor más autorizado, el Dr. Mario Bunge, quién antes de definir su concepto establece estas consideraciones previas:

..."luego de aclarar que 1) el estatismo (o totalitarismo) de izquierda o derecha es moralmente inadmisible porque entraña opresión y por ende alienación; ineficiente a largo plazo porque suprime la iniciativa individual y local, así como el debate racional....que el capitalismo en sus varias formas,...es socialmente injusto y por lo tanto moralmente ineficiente, porque implica explotación dentro de y entre las naciones, prácticamente ineficiente, ya que entraña ciclos comerciales y desequilibrios destructivos, en particular el desempleo; y practica y moralmente objetable porque da origen a la violencia organizada. Y estimo...ineficiente el socialismo de mercado porque es unilateral (economicista) y pasa por alto las cuestiones globales...".

"La tecnoholodemocracia16 (o democracia integral) es el orden social que asegura la igualdad de sexos y razas, así como el acceso a la riqueza, la cultura y el poder político, con preocupación por el medio ambiente y el futuro. Este es el objetivo. El medio es, parafraseando y ampliando a Lincoln, el gobierno ilustrado del pueblo, por el pueblo y para el pueblo en todos los asuntos sociales, y solo en ellos. Mas sucintamente: la tecnoholodemocracia es la igualdad de oportunidades a través de la igualdad biológica (sexo y raza), la democracia participativa, la propiedad cooperativa, la autogestión, la pericia técnica y el libre acceso a la cultura[15]."

El Paradigma y la Diana. Gráficos[16]

.

" Así pues, existe una tercera ontología social, además del holismo y el individualismo: el sistemismo. Esta es la concepción según la cual toda cosa es un sistema o un componente de algún sistema, donde un sistema es un objeto complejo cuyas partes se mantienen unidas por vínculos de una o más clases (véase Bunge 1979). En particular, todas las características de la sociedad - económicas, culturales, y políticas- forman una pieza única. Aunque distinguibles, son inseparables. El sistemismo claramente engloba tanto al individualismo, puesto que tiene en cuenta la composición, como al holismo, dado que enfatiza la estructura u organización"[17]

La Sociedad resulta entonces un Sistema compuesto por personas unidas por diversos vínculos, algunos cohesivos otros

---

[15] BUNGE, Mario. "Las ciencias sociales en discusión". E. Sudamericana 1999. Pag.468.
[16] "La Republica Digital", Primera Parte (cosmovisión y paradigma). Ricardo F Ortola Bosio. Amazon.
[17] Bunge Mario. "La relación entre la Filosofía y la sociología". (2000) pág. 30

divisivos, que además está incluido en un supersistema (entorno que es en parte natural y en parte social).

En igual sentido continúa expresando Bunge[18] que:

..." *El concepto de sistema es central en la Sociología porque toda persona forma parte de varios "círculos" (sistemas), y se comporta de modo diferente cuando actúa en diferentes sistemas. Estos, a su vez, están influidos por sus componentes. En resumen, no existe ninguna actuación fuera de un sistema y no existe un sistema sin actuación, y, por consiguiente, sin cambio. De ahí que definir a un individuo como un nodo en una red social con existencia propia – como hizo Marx – es tan erróneo como caracterizar al individuo como un juguete pasivo de entidades de nivel superior. No existen redes sin personas y no hay personas fuera de todas las redes."* (...)" *Un sistema concreto es un conjunto de cosas reales que se mantienen unidas por vínculos o fuerzas, comportándose en algunos aspectos como una unidad y que están incluidas en un entorno (excepto en el caso del universo en su conjunto, que no tiene entorno)"* ... (Bunge 2000).

Fundado en estos criterios básicos del Dr. Mario Bunge establezco un paradigma básico para enfocar el Objeto de mi

---

[18] Bunge, Mario. Ídem título de arriba. (2000) pág. 31

estudio con la ecuación: {[(i) País y/o Nación+ (ii) Sociedad] = Unidad observada}.

El conjunto de esos factores se desagrega en cuatro subsistemas, a saber: a) biológico, b) económico, c) cultural y d) político.

(i) El País y/o Nación para esta conjetura es el soporte material del subsistema cultural, (ii) la Sociedad se compone de la "Sociedad Civil" que corresponde al subsistema a); el "Mercado" corresponde al subsistema b) y el "Estado" que corresponde al subsistema d).

Los conceptos arriba expresados y conjugados para explicar situaciones teóricas y/o abstractas, como ocurre con todo pensamiento complejo[19] son de difícil inteligibilidad es cuyo caso he pensado en la posibilidad de expresar su contenido y significado mediante el gráfico a los fines de resolver la semántica de este difícil y complicado mensaje. Para ello apelamos, modestamente a un recurso que sugiere la "Web Semántica" y es la explicación de un concepto mediante un entorno de Gráficos existenciales (*en inglés: "existential graphs"*),

---

[19] Morin, Edgar. *"El Pensamiento Complejo"*

que es un sistema lógico y de notación creado por el filósofo norteamericano Charles Sanders Pierce. El sistema comprende tanto una notación gráfica original de proposiciones lógicas como también un sistema de enunciados originales y reglas de transformación que generan nuevos enunciados derivados de los primeros.

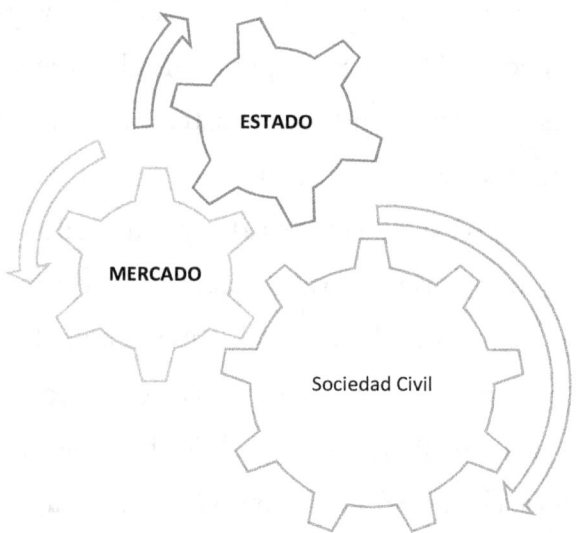

Figura 1

Considerando el grafico para tener un enfoque más aproximado, daré simples conceptos que den mayor precisión a sus espacios, que son los siguientes:

La Sociedad Civil es el conjunto de personas que pertenece a ese País y/o Nación conforme al protocolo utilizado para calificar a los integrantes como propios o nacionales o ciudadanos o como se denomine un integrante. Estas personas constituyen según he definido el subsistema biológico que compone el Sistema Social.

El Mercado está formado por todos los hechos que realizan las personas para producir y comercializar todos los bienes y servicios que sumados da el PBI, más la actividad financiera que aquellos hechos demanden para ser producidos.

El Estado es el artefacto con el que se ejerce el Poder Político Total sobre todos los integrantes de la Sociedad Civil y sobre las acciones y hechos con los que se producen los bienes y servicios en el Mercado y en el territorio del País y/o Nación analizado. El universo de elementos y conductas utilizados para esta acción conforma el subsistema político.

En la misma *Figura 1* las esferas se ensamblan mediante engranajes y sugieren una dinámica del tipo "machine" o maquina *(mecanismo sincronizado en movimiento)* con la que quiero representar la vida Social de la Sociedad *(machine + movimiento =*

dinámica). Esto debe ser interpretado como la matriz del mecanismo con que funciona todo sistema.

En la *Figura 2*, el sistema mundo contiene a las tres esferas, y es necesario tenerlo presente en todo análisis que se haga de la realidad local. Considérese que el Mercado se extiende más allá de las fronteras en cualquier País y/o Nación y se relaciona con el mundo. En esto se refleja ese fenómeno tan considerado que se conoce con el nombre de globalización, término que me parece menos idóneo que el de mundialización. Es que por esta realidad que plantea el Mercado se instala la primera red internacional entre todos los países y que no puede ser evitada ni restringida sin que las decisiones de tipo local no generen efectos considerables sobre la sociedad del país de que se trate. Este grafico representa Áreas y Zonas del Territorio de un País y/o Nación dentro del Sistema Mundo que se denomina Sociedad Civil, Mercado y Estado. Se destaca la esfera que contiene al Mercado participando en el Sistema Mundo.

Se puede recurrir al diagrama de la Diana. La Diana permite una mirada estratégica muy importante en el análisis de una realidad tan compleja como la que pretendemos estudiar.

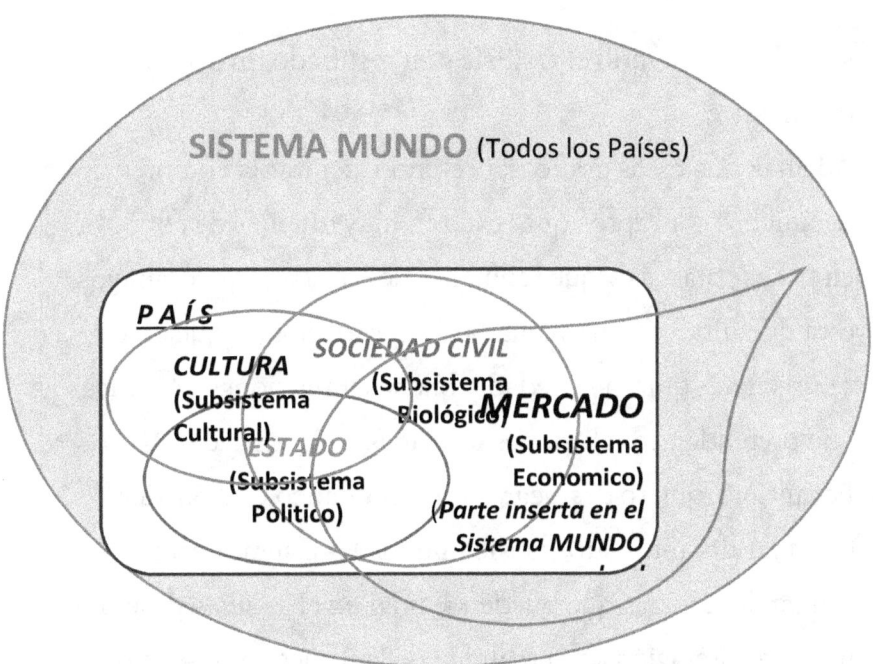

Por medio de las figuras de las esferas mostrando zonas superpuestas en forma asimétrica o parcial se pueden hacer deducciones sobre datos posibilitando la interpretación de hechos antes del diagnóstico y mejorar la calidad de la Data a los fines estadísticos.

El criterio de lectura que propone la Diana permite acceder más profundamente a la naturaleza de cada subsistema de la sociedad mejorando el análisis y su resultado final: el diagnostico.

Además, con estos gráficos, pretendo facilitar la comprensión de muchos conceptos que resultan muy difíciles de expresar en pocas palabras y que requieren de constructos complejos, esta dificultad es aprovechada por las ideologías que con falsas refutaciones quitan seriedad y buenas intenciones a las ideas que pretenden conclusiones fundadas en la verdad.

Por último, quiero destacar que en el Grafico 2 se pueden observar distintas superposiciones de las esferas entre sí formándose zonas que pueden ayudar en el análisis y mejorar una interpretación de la realidad de la Sociedad observada.

A fin de dar ejemplos propongo estas sugerencias: a) Superposición Simple (a1) se ven dos: el Estado y la Soc. Civil, y la otra: el Mercado y la Soc. Civil. b) Superposición Total (a2) en la que se ve la intersección donde coinciden las tres, Sociedad Civil, el Estado y el Mercado mostrando una situación singular. Por último, tenemos a c) Libre de superposiciones, donde se observa una zona donde no está ni el Estado y tampoco el Mercado. Y muchas situaciones más.

Esta herramienta grafica permite "mapear" la cosmovisión de la Sociedad contenida en un País y/o Nación que está compuesta por tres realidades diferentes que son la Sociedad Civil, el Mercado y el Estado entre las que existen mecanismos, convenios, redes contractuales que son materializados por las conductas de las personas cuyas relaciones y funcionamiento en el proceso de obtener una explicación "mecanísmica"[20]

El hombre fue un animal en el reino de la naturaleza hasta que creó el reino de la cultura con el lenguaje y su escritura. Con esta herramienta instaló en el espacio un territorio donde vivir en paz con sus semejantes y libre de las leyes de la selva al que le dio el nombre de Sociedad.

Con esa herramienta (el lenguaje oral y escrito) creó un artefacto que denominó Estado para administrar la convivencia del grupo social.

El homus sapiens de la naturaleza se transformó en el homus civilis iniciador del proceso civilizador y dio comienzo a la historia de la humanidad.

---

[20] Bunge, Mario. "La relación entre la sociología y la filosofía". EDAF.Ensayo.2.000.

Hoy, todos los hombres viven agrupados en Sociedades contenidas por Países y/o Naciones organizadas en su convivencia mediante el Estado y hasta aquí son todos exactamente iguales e idénticos. Pero la dinámica de la realidad y los cambios introducidos en algunos países para mejorar su funcionamiento han generado diferencias muy significativas que no son debidamente captadas por la opinión pública en general.

El Estado como concepto es uno solo, y así ocurre con el automóvil cuyo concepto es el de un vehículo autopropulsado por un motor y que sirve para transportar personas o cosas. Sin embargo, al mirar un conjunto de automóviles observamos que no son iguales. La desigualdad radica en dos causas: una histórica y otra coyuntural. Los Estados como los autos, son artefactos que, a lo largo de un proceso de uso, comienzan con una primera versión, la siguen otras a las que se les va introduciendo mejoras en su funcionamiento, sin que se cambie en un ápice el concepto o idea original. Lo que ocurre en realidad es que mediante las reformas y modificaciones hemos perfeccionado el primero y que en definitiva (desde un punto teórico y conceptual) es único. Con el correr del tiempo se acumulan distintas versiones de Estados como nuevos modelos de autos; y luego vemos como empiezan a convivir las versiones antiguas con los "últimos modelo". Esto ocurre así en el concierto mundial de las Naciones como en el parque automotor. Por eso no es lo mismo un Emirato Árabe o una Monarquía Europea que una República Democrática Liberal *(entre muchísimos otros)*, aun cuando esas versiones de Estados existan y funcionen simultáneamente. De igual manera ocurre en las calles abarrotadas de los más variados y diversos modelos de automóviles he podido ver en las calles de Roma, *(seguramente una exhibición)* circular un Ford T al lado de un Ferrari "Testarrosa".

Conclusión Parte Inicial

Con lo expuesto se ha querido dar la mayor precisión posible a los conceptos de Estado, Nación, y Democracia, con la finalidad de evitar los debates deliberativos políticos sin contenido y que generan los lamentables y tristes diálogos de sordos.

Dos temas para remarcar las características con que el Indicador de Seguridad Jurídica debe leer las realidades observadas y que son: 1) los procesos/procedimientos y 2) la importancia pragmática del gráfico como elemento que completa el discurso descriptivo del lenguaje tradicional. Considero que los conceptos Estado, Nación, Democracia, son muy difíciles de confundir en la Sociedad del Conocimiento. Hoy carecen de zonas oscuras, aunque puedan tener algunos aspectos, muy pocos, en discusión, los que además al carecer de entidad científica son prácticamente irrelevantes. En todo caso no hay puertas cerradas y el debate es una herramienta básica del pensamiento científico que necesita la verdad que todos esperamos.[21] Personalmente dos de ellos no abrirían un debate que ya esta está casi cerrada, me refiero al Estado y la Democracia, mientras que la Nación podría admitir un análisis más extenso (desde lo existencial quizás).

Tambien es necesario dejar en claro que la Iberozona, formada por países latinoamericanos y europeos encabezados por

---

[21] Karl Popper. *"Conjeturas y Refutaciones"*.

España, estamos ante un vastísimo territorio del Planeta Tierra, En ese espacio encontramos una poblacion de entre 600 y 800 millones, obviamente de hispanoparlantes, es decir por personas que hablan Castellano. Y aquí agregaría los "spanhis" que se encuentran dentro de EEUU y llegaron a ser la segunda minoría con presencia en el poder Legislativo de USA. Dice Wikipedia:..."*El espanglish1 o spanglish2 es la fusión morfosintáctica y semántica del español con el inglés estadounidense. Es un fenómeno lingüístico similar al llanito utilizado en Gibraltar. Suele confundirse con el uso de anglicismos en español. Este idioma híbrido no es de uso oficial, sino de uso coloquial. Sin embargo, para los angloparlantes estadounidenses, especialmente en las zonas con una gran población de habla hispana, la denominación «spanglish» se da o al uso de palabras españolas —o con este origen, pero morfológicamente «anglificadas»— en frases de idioma inglés, o bien, directamente reciben el nombre «espanglish» formas jergales e incluso pidgin, tal cual ocurre en California, Florida, Nuevo México, Texas, Arizona, los barrios latinos de Nueva York, y otras ciudades.*"

Y encontramos en La Nación[22] : ..."*Estados Unidos: 40 millones de personas hablan "spanglish". Así lo revela un estudio presentado por la Facultad de Filología de la Universidad de Barcelona; además, explicaron que existen diversos tipos, entre ellos, el 'dominicanish' (mezcla del dominicano e inglés), el 'tex mex' (mexicano e inglés) o el 'cubonix' (mezcla del cubano e inglés).*

En una muestra más de la sostenida penetración de los habitantes de habla hispana en territorio estadounidense, un estudio confirma que alrededor de cuarenta millones de personas hablan ya en Estados Unidos la mezcla de inglés y español conocida como "spanglish" que, en opinión del profesor del Amherst College de Massachusetts, Ilan Stavans, es "una nueva manifestación verbal que merece un reconocimiento".

Esa cifra convierte al "spanglish" en la "fuerza y fenómeno verbal más importante de los últimos años" en Estados Unidos, explicó hoy el profesor y escritor a docentes y alumnos en una presentación en la Facultad de Filología de la Universidad de Barcelona (UB), según informa la agencia EFE.

---

[22] La Nacion, Argentina, 23 de marzo de 2015.

Stavans, que en la pasada década tradujo al "spanglish" la primera parte de la obra emblema de la lengua castellana, "El Quijote", recordó que en territorio estadounidense hay ya sesenta millones de latinos, la minoría más grande, y destacó que "hay más latinos en Estados Unidos que canadienses en Canadá, y que españoles en España".

Es probable que hoy lleguen a los 1.000 millones los Hispanoparlantes, estemos ante un numero cercano. Su distribución en países que localmente tienen distintas reglas de cultura política, con Estados diferentes, que van desde protectorados como las Guayanas o "estados asociados" como Puerto Rico, o el inatrapable Canadá, ambiguo de Coronas y que esta inevitablemente vinculado con Isabel al Brexit. Sin embargo, se presentan, los Hispanoparlantes como mucha potencia y autonomía. Indudablemente constituye una característica propia y de gran fortalezal ya que simplemente se ve y se escucha el Idioma Castellano. Este importante dato que da cuenta de millones de hispanoparlantes motiva una importante reflexión respecto a la seguridad jurídica que resulta imprescindible para una mayor expansión de las capacidades humanas. Para que exista confiabilidad y calculabilidad es necesario que se asegure la cognoscibilidad, es decir, la posibilidad de acceder al contenido del derecho desde una perspectiva material e intelectual. La cognoscibilidad, confiabilidad y calculabilidad requieren la posibilidad de realizar un control «jurídico-racional de las estructuras argumentativas reconstructivas de normas generales e individuales». Es decir, la seguridad jurídica puede ser predicada acerca de los resultados *(el contenido de una norma, que debe resultar claro, sin ambigüedades y estar disponible para quien lo quiera consultar)* y también respecto de los procesos por los que se arriba a esos resultados.

Pensemos en las personas que se ven expuestas en estos lugares, USA, Canadá, Venezuela, etc., que por razones de idioma o Gobiernos no Republicanos y/o Democráticos son violados en sus derechos más básicos.

Volviendo al principio de esta conclusión y para dar por terminada esta primera parte, vuelvo a insistir sobre la gran importancia pragmática del Grafico como elemento que completa el discurso descriptivo del lenguaje tradicional y permite enriquecer la comprensión de los análisis en las evaluaciones previas. Innegablemente se consigue, con la ayuda del Diagrama de Venn, acelerar la comprensión perceptivamente, algo parecido a lo que se logra con los iconos. Por último señalar que se ha propuesto la incorporación de la Norma de Gestión ISO 9000 para medir la calidad con precisión de los "procesos/procedimientos".

II Parte

2. El Factor: Calidad de Gestión de los Procesos del Estado.

El <u>"I Congreso Bienal de Seguridad Jurídica Iberoamericana"</u> celebrado en Girona, España, ha dado el siguiente concepto/definición de Seguridad jurídica:

"La seguridad jurídica puede ser definida como un estado de cosas que se presenta cuando los tres poderes del Estado (Legislativo, Ejecutivo y Judicial) cumplen con la exigencia de llevar a cabo sus funciones de manera tal de proveer a las personas físicas y jurídicas la confiabilidad y calculabilidad jurídicas para permitir el ejercicio de sus derechos y el cumplimiento de sus obligaciones. En el caso de las personas físicas la seguridad jurídica es un mecanismo que, además, resulta imprescindible para una mayor expansión de las capacidades humanas. Para que exista confiabilidad y calculabilidad es necesario que se asegure la cognoscibilidad, es decir, la posibilidad de acceder al contenido del derecho desde una perspectiva material e intelectual. La cognoscibilidad, confiabilidad y calculabilidad requieren la posibilidad de realizar un control «jurídico-racional de las estructuras argumentativas

reconstructivas de normas generales e individuales». Es decir, la seguridad jurídica puede ser predicada acerca de los resultados (el contenido de una norma, que debe resultar claro, sin ambigüedades y estar disponible para quien lo quiera consultar) y también respecto de los procesos por los que se arriba a esos resultados."

Esta definición dice en qué consiste la Seguridad Jurídica y para qué sirve su existencia.

Y continúa señalando el documento de <u>"Proyecto sobre Indicadores de Seguridad Jurídica en Iberoamérica"</u>[23] :...

..."*De acuerdo con la caracterización anterior, la seguridad jurídica posee dos dimensiones, una estática y una dinámica. La dimensión estática se vincula al problema del conocimiento del Derecho o a la comunicación en el derecho y se refiere a las cualidades que debe tener para ser considerado «seguro» y así poder servir de instrumento de orientación al ciudadano. En su dimensión dinámica la seguridad jurídica se vincula con el problema de la acción en el tiempo y prescribe los ideales que deben garantizarse para que el Derecho pueda asegurar derechos al ciudadano y, con ello, pueda servirle de instrumento de protección. La seguridad*

---

[23] Cátedra de Cultura Jurídica – Universidad de Girona

jurídica, por lo tanto, requiere que el Derecho sea cognoscible, confiable y calculable para poder ser un instrumento de orientación, protección y tranquilidad para las personas."

La actividad del Estado presenta dos dimensiones: estática y dinámica. La primera refiere a la comunicación y conocimiento del Derecho y su utilización por parte de las personas. Por dinámica la acción y procedimientos instrumentados para realizar y garantizar los derechos a los ciudadanos. Consustanciado con el capítulo final <u>*"Proyecto sobre indicadores de Seguridad Jurídica en Iberoamérica"*</u>[24], a cuyos autores Jordi Ferrer Beltrán y Carolina Fernández Blanco se remite, se ha construido esta hipotesis que consiste en un Factor, encargado de medir la calidad de Gestion de los procesos que realiza el Estado, mediante la aplicación de las Normas ISO y luego integrarlo al indicador (ISJ) que permita medir la Seguridad Jurídica en Iberoamérica.[25]

---

[24] "Seguridad jurídica y democracia en Iberoamérica". Catedra de Cultura Jurídica. Ed. Marcial Pons. 2015. Pag 243.
[25] Territorio formado por: Andorra, Argentina, Bolivia, Brasil, Chile, Colombia, Costa Rica, Cuba, Ecuador, El Salvador, España, Guatemala, México, Nicaragua, Panamá, Paraguay, Perú, Portugal, Puerto Rico, República Dominicana, Uruguay y Venezuela

Continuando con la visión Estática y Dinámica del Derecho vemos que la primera se dirige a una Ley, un Decreto o una Sentencia y la segunda enfoca la acción con que emergen a la vida pública y en particular los procedimientos ahí construidos.

Todo objeto creado por el ser humano (ej.: el Derecho) tiene un proceso de construcción y a este segmento apunta el enfoque. A los procedimientos específicos y únicos que son: el legislativo, el ejecutivo y el judicial con los que emergen sus productos únicos y específicos que son: La Ley, el Decreto y la Sentencia.

El Plan consiste en establecer parámetros para realizar "un proyecto en proceso" abierto. Se plantea la construcción del ISJ instrumentando Factores y Subfactores. A cada uno se le asignaran los respectivos Métodos de conocimiento del objeto que se quiere medir (considerando ontologicamente su naturaleza), y luego, un criterio de Valoraciones con el que se pueda calcular, en mas o en menos con las medidas de cada ítem aplicadas al objeto observado.

Es un acierto el proyecto de la Cátedra de Cultura Jurídica de Girona donde se propone la construccion de un Indicador de la Seguridad Jurídica en Iberoamérica. Es imprescindible en la Sociedad del Conocimiento una herramienta para conocer los mecanismos en general con que esta funciona. Se trata de una vía instrumental apoyada en una semiótica multidisciplinaria que asegurará un conocimiento de calidad *(científico)* de una realidad que impacta en el espacio publico local e internacional de cada Pais de Iberoamérica..

Por lo tanto y en consonancia con lo expresado en la Versión 2 del *"Proyecto sobre Indicadores de Seguridad Jurídica en Iberoamérica"*, publicado por la Cátedra de Cultura jurídica de la Universidad de Girona en septiembre del 2013 propongo la inclusión de: *Factor: Calidad de Gestión de Procesos del Estado* conforme a los estándares internacionales que establecen las Normas ISO aplicables en particular la N 9001/2008 para calidad de gestión. Luego, se establecerán los Subfactores para su medición y la Metodología propuesta para su relevamiento y valoración. De manera que el dato se presente con la forma y contenido homogéneo al Proyecto aludido.

Norma Iso 9001/2008 para Calidad De Gestión

Hace tiempo que existen índices e indicadores creados con criterios y estándares internacionales para mediciones de objetos y situaciones de interés estratégico de todo tipo, quizás los de mayor difusión son los utilizados por Consultoras y Calificadoras para el asesoramiento en materia de inversiones tanto de Estado a Estado (E2E) como de Empresas a Estados (B2E) y de Empresa a Empresa (B2B), la mayoría enfocados a cuestiones Macroeconómicas y comportamientos de Mercados, impactos de las economías locales al consumo y otras realidades muy específicas de índole Económica. A mi entender el paradigma del sistema mundo ha caído con la crisis internacional del 2008, a primera vista no hay un paradigma nuevo, y si ha emergido otro, en parte no se lo conoce y en parte no ha terminado de aparecer.
Hoy vemos claramente al Estado como un importante factor de incidencia en la realidad social de cada País, pudiendo advertirse que según su calidad de gestión y también podemos advertir, que según su calidad de gestión depende que a la

Sociedad Civil del mismo le vaya mejor o peor, tanto en lo local como en lo internacional.

Así entiendo que funciona la realidad para quienes pensamos a la Sociedad como un sistema accionado por 4 subsistemas interrelacionados y alimentados entre sí: Sociedad Civil, Estado, Mercado y Cultura. (Bunge 2000).

Comportamiento del Estado

El enfoque apunta a la gestión de Gobierno. En este orden de ideas propongo convenir previamente, 1) que el Estado es un artefacto creado por el hombre y 2) que la Sociedad Civil es el conjunto total de individuos cuyas conductas relacionan a este con el Estado, el Mercado (Economía) y la Cultura dentro de un Territorio *(entorno)* constituyendo un País/Nación, y a su vez, los Países están dentro del Sistema Mundo que ocupa el planeta Tierra.

Dicho de manera más directa, los individuos que componen la Sociedad Civil integran con la dinámica de sus conductas cada uno de los subsistemas nombrados: Estado + Mercado + Cultura y de esto resulta la Sociedad de un País y/o Nación.

Particularmente, en nuestro caso, el conjunto de Países/Naciones, que por sus características históricas y geopolíticas forman Iberoamérica, han sido elegidos por la Cátedra de Cultura Jurídica de Girona como el territorio donde se aplicará el ISJ en construcción.

Tomaré el comportamiento del Estado como el accionar dinámico del Subsistema político (Bunge - Filosofía Política) de cada País/Nación.

Para mejor observación también desagregaré ese comportamiento del Estado en tres categorías que coinciden con la definición del documento Versión 2, y que son: actividad del P Legislativo, del P Ejecutivo y P Judicial. Tenemos entonces tres aspectos del objeto en observación que implican realidades diferentes y con particularidades dotadas de una singularidad que las diferencia entre sí. Sin embargo, hay una matriz en esas acciones que resulta común y que es el "procedimiento".

Esa actividad o comportamiento esta realizado en forma de procedimiento establecido por una normativa orgánica del funcionamiento esperado y que se encuentra en la Carta Magna y las Leyes "ad hoc" que regulan sus actividades institucionales. Por lo tanto, hay un procedimiento Legislativo, otro Ejecutivo y otro Judicial. Estos se complementan y articulan generando un resultado final que es la gestión del Estado para su observación y valoración.

Las Normas ISO

ISO (Organización Internacional de Normalización) es una organización de membrecía no gubernamental independiente, con sede en Suiza y el mayor desarrollador mundial de las Normas Internacionales voluntarias. Está formada por 164 Países que concurren a su formación con distintas calidades de participación. Su objetivo apunta a la creación de Normas que establecen los criterios de calidad en la realización de los procesos. Esos criterios y pautas constituyen los estándares básicos que deben cumplirse en todo procedimiento para que este asegurado el nivel mínimo de calidad.
La validez en la construcción de la norma se concreta con el cumplimiento de la conducta aconsejada. Luego que la Norma

ISO es construida, aprobada y publicada queda a disposición internacional de las personas físicas y/o empresas y/o organismos estatales en forma abierta.

Los Países miembros, a su vez, pueden tener organismos que adopten esas normas como propias y adaptan las que adoptan a las exigencias internas como mejor les convengan. Por ejemplo, España con AENOR y Argentina con IRAM, etc.

El documento de Girona en su Versión 2, establece el grupo de Países que conforman Iberoamérica según el criterio del "I Congreso Bienal de Seguridad Jurídica Iberoamericana" de Girona, España, este listado se forma con: Andorra, Argentina, Bolivia, Brasil, Chile, Colombia, Costa Rica, Cuba, Ecuador, El Salvador, España, Guatemala, México, Nicaragua, Panamá, Paraguay, Perú, Portugal, Puerto Rico, República Dominicana, Uruguay y Venezuela.

Cotejado con el listado de los Países que pertenecen a la organización ISO tres países no forman parte de esta ONG internacional, a saber: Nicaragua, Puerto Rico y Venezuela.

Los que son miembros de ISO tienen los siguientes organismos internos cuyas siglas listamos: Andorra; Argentina-IRAM; Bolivia-IBNORCA; Brasil-ABNT; Chile-Posada; Colombia-

ICONTEC; Costa Rica-INTECO; Cuba-NC; Republica Dominicana-INDOCAL; Ecuador-INEN; El Salvador-OSN; Guatemala-COGUANOR; Méjico-DGN ; España-AENOR; Nicaragua (¿) Panamá (¿), Paraguay INTNM , Perú (¿), Portugal (¿), Puerto Rico (¿), Uruguay UNIT y Venezuela (¿)

Normas ISO (Medición de calidad de Gestión)

En su portal y sitio de Internet de ISO, se encuentra toda la información institucional necesaria para satisfacer cualquier interrogante respecto a la Organización y la tarea institucional con la que produce su tarea. De este modo considero que es innecesario reproducir ese contenido. Sin embargo para fundar mínimamente la propuesta de incluir el Factor: Calidad de Gestión de los Procesos del Estado citaré y utilizaré algunos de los textos con los que se exponen las Normas ISO, particularmente citaré el Prólogo del caso argentino en la "Guía para la interpretación de la norma IRAM-ISO 9001:2000 en la gestión operativa de la justicia (Guide for the Interpretation of IRAM-ISO 9001:2000 in the Justice operating management)"como caso que he investigado oportunamente pero que resulta valido en la consideración de la propuesta presente.

En primer lugar, podemos verificar los alcances internacionales de la Institución y sus modos de producir la normativa para establecer el protocolo de calidad y sus estándares conceptuales con las cuales medirla.

Dice en el sitio de Internet...:

ISO (la Organización Internacional de Normalización) es una federación mundial de organismos nacionales de normalización (organismos miembros de ISO). El trabajo de preparación de las normas internacionales normalmente se realiza a través de los comités técnicos de ISO. Cada organismo miembro interesado en una materia para la cual se haya establecido un comité técnico, tiene el derecho de estar representado en dicho comité. Las organizaciones internacionales, gubernamentales y no gubernamentales, en coordinación con ISO, también participan en el trabajo. ISO colabora estrechamente con la Comisión Electrotécnica Internacional (IEC) en todas las materias de normalización electrotécnica.

Las Normas Internacionales se redactan de acuerdo con las reglas establecidas en las Directivas ISO / IEC, Parte 2.

La tarea principal de los comités técnicos es preparar Normas Internacionales. Los Proyectos de Normas Internacionales adoptados por los comités técnicos son enviados a los organismos miembros para su votación. La publicación como Norma Internacional requiere la aprobación por al menos el 75% de los organismos miembros con derecho a voto.

Se llama la atención la posibilidad de que algunos de los elementos de este documento puedan estar sujetos a derechos de patente. ISO no se hace responsable por la identificación de cualquiera o todos los derechos de patente.

ISO 9001 fue preparada por el Comité Técnico ISO / TC 176, Gestión y aseguramiento de la calidad, Subcomité SC 2, Sistemas de la calidad.

Con respecto a las razones que fundamentan la inclusión del Factor propuesto voy a traer parte del Prólogo del caso Argentino la Norma IRAM 30600 de Gestión Operativa de la Justicia y cuyo texto es el siguiente:...

..." ***Introducción***

<u>0.1 Generalidades</u>

La adopción de un sistema de gestión de la calidad debería ser una decisión estratégica de la organización. El diseño e implementación del sistema de gestión de calidad de una organización están influenciados por:

a) su entorno organizativo, cambios en ese entorno y los riesgos asociados con ese entorno,

b) sus necesidades cambiantes,

c) sus objetivos particulares,

d) los productos que proporciona,

e) los procesos que emplea,

f) su tamaño y estructura de la organización.

No es la intención de esta Norma Internacional proporcionar uniformidad en la estructura de los sistemas de gestión de calidad o en la documentación.

Los requisitos del sistema de gestión de la calidad especificados en esta Norma Internacional son complementarios a los requisitos para los productos. La información marcada "NOTA" es orientación para la comprensión o clarificación del requisito correspondiente.

Esta Norma Internacional pueden utilizarla partes internas y externas, incluyendo organismos de certificación, para evaluar la capacidad de la organización para cumplir los requisitos del cliente, legales y reglamentarios aplicables al producto y los propios de la organización.

Los principios de gestión de la calidad enunciados en la norma ISO 9000 y ISO 9004 se han tenido en cuenta durante el desarrollo de esta Norma Internacional.

0.2 Enfoque de Procesos

Esta Norma Internacional promueve la adopción de un enfoque basado en procesos cuando se desarrolla, implementa y mejora la eficacia de un sistema de gestión de calidad, para mejorar la satisfacción del cliente mediante el cumplimiento de los requisitos del cliente.

Para que una organización funcione de manera eficaz, tiene que determinar y gestionar numerosas actividades relacionadas. Una actividad o conjunto de actividades que utiliza recursos, y administrado con el fin de permitir la transformación de insumos en productos, se pueden considerar como un proceso. Frecuentemente el resultado de un proceso constituye directamente la entrada a la siguiente.

La aplicación de un sistema de procesos dentro de una organización, junto con la identificación e interacciones de estos procesos, así como su gestión para producir el resultado deseado, puede denominarse como "enfoque basado en procesos".

Una ventaja del enfoque basado en procesos es el control continuo que proporciona sobre los vínculos entre los procesos individuales dentro del sistema de procesos, así como sobre su combinación e interacción. Cuando se utiliza dentro de un sistema de gestión de calidad, dicho enfoque hace hincapié en la importancia de:

a) requisitos comprensión y el cumplimiento,

b) la necesidad de considerar los procesos en términos de valor añadido,

c) la obtención de resultados del desempeño y eficacia del proceso, y

d) la mejora continua de los procesos con base en mediciones objetivas.

El modelo de un sistema de gestión de la calidad basado en el proceso se muestra en laFigura 1ilustra los vínculos de proceso presentadas enlas cláusulas 4a8.Esta ilustración muestra que los clientes juegan un papel importante en la definición de requisitos como entradas. El seguimiento de la satisfacción del cliente requiere la evaluación de la información relativa a la percepción del cliente en cuanto a si la organización ha cumplido sus requisitos. El modelo mostrado en la Figura 1 cubre todos los requisitos de esta norma internacional, pero no refleja los procesos de una forma detallada. NOTA,Además, la metodología conocida como "Planificar-Hacer-Verificar- Actuar" (PDCA) se puede aplicar a todos los procesos PHVA puede describirse brevemente como sigue.

Programa: establecer los objetivos y procesos necesarios para conseguir resultados de acuerdo con los requisitos del cliente y las políticas de la organización.

Hacer: implementar los procesos.

Compruebe: realizar el seguimiento y medición de los procesos y los productos respecto de políticas, objetivos y requisitos para el producto, e informar los resultados.

Actuar: tomar acciones para mejorar continuamente el desempeño del proceso.

Figura 1 - Modelo de un sistema de gestión de la calidad basado en procesos

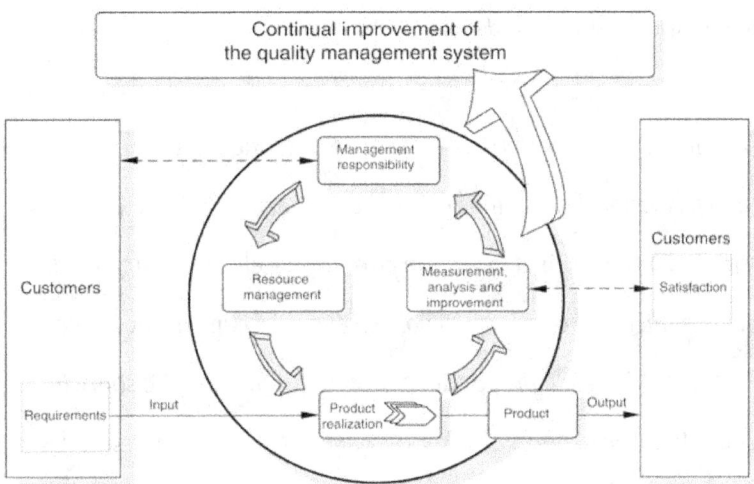

Clave

<u>0.3 Relación con la norma ISO 9004</u>

ISO 9001 y la ISO 9004 son normas de sistemas de gestión de calidad que han sido diseñados para complementarse entre sí, pero también se puede utilizar de forma independiente.

ISO 9001 especifica los requisitos para un sistema de gestión de la calidad que pueden utilizarse para su aplicación interna por las organizaciones, para certificación o con fines contractuales. Se centra en la eficacia del sistema de gestión de la calidad en el cumplimiento de los requisitos del cliente.

En el momento de publicación de esta Norma Internacional, ISO 9004 se encuentra en revisión. La edición revisada de la norma ISO 9004 proporcionará orientación a la gestión para lograr el éxito sostenido de cualquier organización en un complejo, exigente y en constante cambio, el medio ambiente. ISO 9004 proporciona un enfoque más amplio sobre la gestión de calidad de la norma ISO 9001; que responde a las necesidades y expectativas de todas las partes interesadas y su satisfacción, mediante la mejora sistemática y continua del desempeño de la organización. Sin embargo, no es la intención de la certificación, reglamentaria o contractual.

<u>0.4 Compatibilidad con otros sistemas de gestión</u>

Actividades de valor añadido El flujo de información

Durante el desarrollo de esta Norma Internacional, se han considerado a lo dispuesto en la norma ISO 14001: 2004 para mejorar la compatibilidad de las dos normas en beneficio de la comunidad de usuarios. Anexo A muestra la correspondencia entre la norma ISO 9001: 2008 y ISO 14001: 2004.

Esta Norma Internacional no incluye requisitos específicos de otros sistemas de gestión, tales como aquellos particulares para la gestión ambiental, salud ocupacional y gestión de la seguridad, la gestión financiera o gestión de riesgos. Sin embargo, esta Norma Internacional permite a una organización integrar o alinear su propio sistema de gestión de la calidad con requisitos de sistemas de gestión relacionados. Es posible para una organización adaptar su sistema de gestión existente (s) con el fin de establecer un sistema de gestión de calidad que cumple con los requisitos de esta Norma Internacional.

1 Ámbito de aplicación

1.1 Generalidades

Esta norma internacional especifica los requisitos para un sistema de gestión de calidad, cuando una organización

a) necesita demostrar su capacidad para proporcionar regularmente productos que satisfagan al cliente y legal aplicable y los requisitos reglamentarios, y

b) aspira a aumentar la satisfacción del cliente a través de la aplicación eficaz del sistema, incluidos los procesos para la mejora continua del sistema y el aseguramiento de la conformidad con los requisitos del cliente y los legales y reglamentarios aplicables.

NOTA 1En esta Norma Internacional, el término "producto" se aplica únicamente a

a) producto destinado a, o solicitado por un cliente,

b) cualquier resultado previsto de los procesos de realización del producto. NOTA 2 requisitos legales y reglamentarios se pueden expresar como requisitos legales.

1.2 Aplicación

Todos los requisitos de esta Norma Internacional son genéricos y se pretende que sean aplicables a todas las organizaciones, sin importar su tipo, tamaño y producto suministrado.

Cuando algún requisito (s) de esta Norma Internacional no se puedan aplicar debido a la naturaleza de la organización y de su producto, pueden considerarse para su exclusión.

Cuando se realicen exclusiones, las declaraciones de conformidad a esta Norma Internacional no son aceptables a menos que estas exclusiones se limitan a las necesidades dentro dela cláusula 7, y tales exclusiones no afecten a la capacidad de la organización, o la responsabilidad, para proporcionar productos que satisfagan los clientes y aplicable legal y regulatorio requisitos.

2 Referencias normativas

Los siguientes documentos de referencia son indispensables para la aplicación de este documento. Para las referencias con fecha, sólo se aplica la edición citada. Para las referencias sin fecha se aplica la última edición del documento de referencia (incluyendo cualquier modificación).
ISO 9000: 2005,Sistemas de gestión de la calidad - Fundamentos y vocabulario

<u>3 Términos y definiciones</u>

A los efectos de este documento, los términos y definiciones dados en ISO 9000 se aplican.

A lo largo del texto de esta Norma Internacional, cuando se utilice el término "producto", éste puede significar también "servicio". (...)

El texto arriba reproducido hace innecesario todo comentario, y solo resta señalar que esta concepción permite incluir el FACTOR para completar la construcción del Indicador de Seguridad Jurídica.

En Argentina es Norma IRAN la ISO 9001 y sus aplicaciones estan acompañadas de una Norma explicativa que es la IRAM 30800. De ella se desprenden la Norma IRAM 30600 para medir la Calidad de la Gestión de Justicia, la Norma IRAM 30700 para medir la Calidad de Gestión Legislativa, y por último, la Norma IRAM 30900 que permite la medición de la Calidad de la Administración Pública.

También es importante destacar que, si bien tienen varios años de vigencia, en particular la Norma 30600 de calidad de la Gestión Judicial que se incorporó en septiembre del año 2006, su aplicación son *"rara avis" en los* Juzgados para certificar la calidad de gestión. En nuestra exploración realizada en el Departamento Judicial de San Isidro, Provincia de Buenos Aires, Argentina, no se pudo a la fecha de realizacion de este Ensayo (2016) encontrar un solo Juzgado que Certificara Calidad de Gestión, no obstante haber obtenido referencias verbales de la existencia de algún caso que no pudo corroborarse. De igual modo ha sucedido con exploraciones y consultas en Consejos Municipales, Legislaturas Provinciales y Nacionales, donde no hay nada realizado en ese sentido. Es más, hasta parece un tema exótico, extraño, y hasta incomprensible para las personas comunes (empleados en su gran mayoría no calificados). Lo que resulta verdaderamente llamativo y reprochable, es en los propios funcionarios que les cuesta un duro esfuerzo entrar en cuestión con el topico de la calidad de gestión, que como es obvio se trata de su propia gestion. Hasta podría decirse que en ciertas ocasiones parecen no entender que es la Gestión directamente.

Oportuna Propuesta De Incluir El Factor: La Calidad De Gestión De Los Procedimientos Del Estado En El Proyecto En Construcción Del ISJ.

La Versión 2 del documento producido por el <u>*"I Congreso Bienal de Seguridad Jurídica en Iberoamérica"*</u>, dice:

..." Punto 5. Posibles Factores Y Subfactores Del Índice: Un Trabajo En Proceso.

La lista que integra este acápite es tentativa y sobre ella habremos de seguir trabajando amén de que sea discutida con los potenciales usuarios del indicador para completarla y perfeccionarla. Tenemos claro que el trabajo en este sentido recién empieza y que inclusive la definición final de algunos Subfactores o parámetros deberá ser replanteada luego de las experiencias piloto que se planean realizar. En pocas palabras, éste es un trabajo en proceso y acerca del cual esperamos recibir colaboraciones muy diversas para su conformación final, tanto desde el punto de vista de la variedad de operadores como de la diversidad de países de procedencia de los mismos."

El párrafo reproducido arriba nos indica que: 1) los Factores y Subfactores publicados conforman una lista tentativa que queda abierta que puede ser completada y perfeccionada, 2) es un proyecto que se realiza mediante un trabajo en proceso y 3) que se esperan colaboraciones para su conformación final. Luego de la breve reseña de antecedentes de la Organización Internacional de Normas ISO y la tarea de construcción de normas técnicas que esta ONG lleva adelante a manera de antecedentes creo que podemos presentar la propuesta que es la siguiente:

El Estado gestiona mediante procedimientos regulados por normas de distintas jerarquías y especializadas en cada uno de los tres poderes con que los sistemas de gobierno de los países, de la Iberozona establecida para medir la seguridad jurídica, se desempeñan.

Estos poderes tienen procedimientos que son el objeto del ISJ (la seguridad jurídica), y que, además, son singulares y se articulan para producir la acción del Estado al que en definitiva se quiere "medir".

Como ya se dijo, los procedimientos son procesos que desde el enfoque organizacional deben poseer un punto de eficacia (lograr el objetivo) y de eficiencia (al menor costo posible). Entendiendo que hay un resultado mínimo esperado en los procedimientos del Estado, al lograrse ese punto en la realidad y comprobado, el proceso observado logra alcanzar el estándar de calidad de gestión certificable. A continuación, dicha certificación acreditará al Indicador de Seguridad Jurídica que el Estado medido tiene un funcionamiento con calidad organizacional de sus procedimientos.

El Factor Y Subfactores Propuestos

Factor y Subfactores	Parámetros utilizados para la medición de los Subfactores	Metodología
1.a) Las Normas ISO	Se evaluarán los siguientes aspectos: a) existencia o no de la relación con ISO, b) Calidad de miembro integrante de la Organización c)	Datos objetivos (normativos) y análisis jurídico

	Existencia de Organismo propio para la incorporación de las Normas internacionales ISO y adaptarla al uso interno, d) Normas ISO locales existentes que tengan aplicación a los Subfactores aquí observados, f) Difusión en Universidades, ONG, Consultoras y organismos de divulgación científica, etc., g) Supervisión y seguimiento de aplicación por los interesados y/o destinatarios de esas normativas.	Encuestas de percepción, datos objetivos (normativos y estadísticos) combinados con análisis jurídico.
1.b) Gestión operativa de la Justicia	Se evaluarán los siguientes aspectos a) existencia de la Norma local que toma y aplica a su uso interno la ISO 9001/2008 de calidad de gestión de procesos. b) Incorporación de la Norma ISO a las reglamentaciones	Datos objetivos (normativos) y análisis jurídico Encuestas de percepción, datos objetivos

1.c) En el Poder Legislativo	internas del Poder Judicial como de aplicación obligatoria por los Jueces en la organización de sus respectivos Juzgados o ámbitos de aplicación, c) Consultoras y/u Organismos que se ocupen de Certificar la calidad conforme a las Normas ISO referidas.	(normativos y estadísticos) combinados con análisis jurídico. Datos objetivos (normativos) y análisis jurídico
1.d) En la Administración Publica	Se evaluaran los siguientes aspectos: a) existencia de la Norma local que toma y aplica a su uso interno la ISO 9001/2008 de calidad de gestión de procesos, b) incorporación de la Norma ISO a las reglamentaciones internas que regulan el funcionamiento del cuerpo, c) Consultoras y/u Organismos que se ocupen de Certificar la calidad conforme a las Normas ISO referidas.	Encuestas de percepción, datos objetivos (normativos y estadísticos) combinados con análisis jurídico Datos objetivos (normativos) y análisis jurídico

1.e) En la Incorporación de tecnología cibernética en el Estado	Se evaluaran los siguientes aspectos: a) existencia de la Norma local que toma y aplica a su uso interno la ISO 9001/2008 de calidad de gestión de procesos, b) Resoluciones, decretos, etc. que instruyan a los ministerios y subdirecciones certificar la calidad de gestión con las Normas ISO, c) fijar criterios de responsabilidad de los funcionarios que no observen calidad de gestión en sus dependencias, etc., d) Consultoras y/u Organismos que se ocupen de Certificar la calidad conforme a las Normas ISO referidas .	Encuestas de percepción, datos objetivos (normativos y estadísticos) combinados con análisis jurídico Datos objetivos (normativos) y análisis jurídico.
1.f) En Municipios	Se evaluaran los siguientes aspectos: a)	

1.g) En Educación	existencia de la Norma local que toma y aplica a su uso interno la ISO 9001/2008 de calidad de gestión de procesos, b) Resoluciones, decretos, etc. que instruyan a los ministerios y subdirecciones certificar la calidad de gestión con las Normas ISO, c) fijar criterios de responsabilidad de los funcionarios que no observen calidad de gestión en sus dependencias, etc., d) Consultoras y/u Organismos que se ocupen de Certificar la calidad conforme a las Normas ISO referidas	Datos objetivos (normativos) y análisis jurídico
	Se evaluaran los siguientes aspectos: a) existencia de la Norma local que toma y aplica a su uso interno la ISO 9001/2008 de calidad	Datos objetivos (normativos) y

1.h) En Organizaciones de Salud	de gestión de procesos b) Resoluciones, decretos, etc. que instruyan a los ministerios y subdirecciones certificar la calidad de gestión con las Normas ISO, c) fijar criterios de responsabilidad de los funcionarios que no observen calidad de gestión en sus dependencias, etc., d) Consultoras y/u Organismos que se ocupen de Certificar la calidad conforme a las Normas ISO referidas.	análisis jurídico

Datos objetivos (normativos) y análisis jurídico |
| | Se evaluaran los siguientes aspectos: a) existencia de la Norma local que toma y aplica a su uso interno la ISO 9001/2008 de calidad de gestión de procesos b) Resoluciones, decretos, etc. que | |

instruyan a los ministerios y subdirecciones certificar la calidad de gestión con las Normas ISO, c) fijar criterios de responsabilidad de los funcionarios que no observen calidad de gestión en sus dependencias, etc., d) Consultoras y/u Organismos que se ocupen de Certificar la calidad conforme a las Normas ISO referidas.

Se evaluaran los siguientes aspectos: a) existencia de la Norma local que toma y aplica a su uso interno la ISO 9001/2008 de calidad de gestión de procesos b) Resoluciones, decretos, etc. que instruyan a los ministerios y subdirecciones certificar la calidad de gestión con las Normas

> ISO, c) fijar criterios de responsabilidad de los funcionarios que no observen calidad de gestión en sus dependencias, etc., d) Consultoras y/u Organismos que se ocupen de Certificar la calidad conforme a las Normas ISO referidas

<u>*Valoración De Los Subfactores Resultante De La Metodología Empleada Y Resultado Final.*</u>

Respecto a cómo realizar la Valoración de los elementos relevados y obtener una medida numérica que se agregue al ISJ señala el documento del I Congreso Bienal:

"Provisionalmente se otorgará a cada subfactor un valor de 1 a 10 (en el que 10 se acerca al ideal de seguridad jurídica y 0 se aleja de él). Sin lugar a dudas será necesario realizar ajustes en este sentido (por ejemplo, podría ser posible otorgar diversos valores de acuerdo a su importancia a los

elementos que se miden en cada subfactor hasta llegar al valor 10 para cada subfactor), sin embargo, por el momento y simplemente a título orientativo se presentará el esquema con valores de 0 a 10 y todos los elementos que componen los subfactores tendrán igual valor hasta alcanzar un máximo de 10 por subfactor (por tanto, si un subfactor es medido a través de 5 elementos cada uno de ellos tendrá un puntaje máximo de 2 y si un subfactor es valorado a través del análisis de 3 elementos cada uno de ellos tendrá un valor máximo de 3,333)."

Se adoptará el mismo método con la salvedad de agregar un cálculo a partir del primer ítem donde será establecido la existencia o no de la Normativa ISO en el Estado en observación. La "no incorporación" de la Norma de Calidad puede obedecer a las siguientes causas, 1) que el País no sea miembro de la Organización Internacional ISO, 2) que sea miembro y no tenga organismo interno y 3) que sea miembro, tenga Organismo interno y no haya adoptado la Normativa ISO de Calidad para la Gestión y procesos del Estado.

En todos los supuestos arriba señalados se establecerá la máxima puntuación acorde con la cantidad de Subfactores con signo negativo. La existencia aislada de Subfactores se irá

incorporando con signo positivo de manera que el total negativo, luego del cálculo, disminuirá en el resultado final. Por ejemplo, si resultan ser los Subfactores 10, en caso de los tres supuestos indicados el inicio será de -10 y si se verificaran la existencia de 2 Subfactores computaran como +2 y el resultado final sería de -8.
Esto habrá que destacarlo y considerar su importancia en el juicio de valor que se deduzca ya que estará indicando una diferencia importante con la ausencia absoluta de la Normativa de Calidad.

Conclusión Final

Considerando no hay más que decir sobre el Factor que hemos propuesto, el que luego de su consideración y en caso de encontrárselo apto, se agregue al listado inicial.
Sin embargo, a modo de conclusión se hace una reflexión final que deje debidamente destacadas las cuestiones de mayor importancia a nuestro entender.
Dos cuestiones principales son las que se mencionaran. La primera es que el ISJ tiene como objetivo medir el estado de

cosas públicas que provoca la actuación del Estado en relacion con la Sociedad en la se inserta. Y que esa situacion se observa como una realidad especifica en un grupo de países unidos por el territorio, por la cultura, por la Lengua y por el Derecho y por la Historia de haber pertenecido como colonias al actual Reino de España, desde el año 1492. A esta region tan particular se le da por aquellas razones expresadas el nombre de Iberoamerica. Es insoslayable que señalemos con precisión y claridad desde donde estamos calificando las realidades que hoy se quieren medir. Y no se debe reducir o minimizar al dar por supuesto que el Valor a medir es sobre un objeto social (en este caso) que es el resultado de una historia y concepciones profundamente arraigadas en este grupo de Países. Reiteramos que lo que se pretende obtener, mediante una lectura completa y consciente, de cada realidad es contar con indicaciones claras y precisas de la simetría, de lo parecido que son las realidades sociales abordadas.

La segunda cuestión es que el Factor a incorporar esta creado, realizado, preparado mediante equipos homogéneos y con alta capacitación científica para la creación de una Norma de estandarización en un proceso de gestión (Norma ISO) aplicable universalmente a distintos Países.

Estas condiciones que imponen estos procesos, en primera instancia "certificando" un mínimo de calidad, es que esta situación iguala las gestiones en un estándar de calidad muy importante y que para obtener dicha certificación es probables que haya tenido que mejorar organización en sus procesos y mecanismos de gestión. En segunda instancia debemos decir que las tareas de certificación son necesariamente profundas auditorias y sus relevamientos además de producir detallados diagnósticos de los defectos de los mecanismos revisados permitan aportar las soluciones superadoras con las que se superaran las inconsistencias del mecanismo en la mayoría de los casos por obsolescencia, insuficiencia, y en algunos casos falta directamente de desarrollos que no fueron pensados hasta esta oportunidad.

No es necesario decir la importancia de revisar el funcionamiento del Estado, la intensa actividad a la que se ve comprometido el Core del subsistema político. La realidad es dinámica, recuérdese al físico Albert Eisten que dijo:"lo único de la realidad que no cambia es el cambio"... De manera que la certificación de calidad mediante la aplicación de las Normas ISO produce además de la noticia del estado de calidad que puede presentar al momento de su comprobación son los espectaculares efectos colaterales que abonan esta aplicación del ISJ.

ANEXO:

Sitios de referencia documental. Obras consultadas para la realización de nuestro trabajo.
1) Congreso Bienal Seguridad Jurídica y Democracia en Iberoamérica
2) Proyecto sobre indicadores de Seguridad Jurídica en Iberoamérica
3) Cátedra de Cultura Jurídica. Universidad de Girona
4) Seguridad Jurídica y democracia en Iberoamérica. Carles Cruz Moratones.
Carolina Fernández Blanco. Jordi Ferrer Beltrán (eds.)
5) ISO Organización Internacional para la Estandarización
6) Norma ISO 9001/2008
7) IRAM Instituto Argentino de Normalización y Certificación
8) Norma IRAM 30600 de calidad de Gestión de Justicia
9) Norma IRAM 30700 de calidad de Gestión del Poder Legislativo
10) Norma IRAM 30900 de calidad de Gestión del Poder Administrador

11) BUNGE, Mario. "Las Ciencias Sociales en Discusión". Ed. Sudamericana.

12) BUNGE, Mario. "FILOSOFIA POLITICA Solidaridad. Cooperación y

Democracia Integral ". Editorial GEDISA.

13) BAUMAN, Zygmunt. "Modernidad Liquida". Editorial.

Fondo de Cultura

Económica

14) BAUMAN, Zygmunt. "La Sociedad Sitiada". Editorial.

Fondo de Cultura

Económica

15) FUKUYAMA, Francis. "El fin de la historia y el último hombre". Editorial

Planeta.

16) MORIN, Edgar. "Introducción al pensamiento complejo". Editorial GEDISA

17) "La Republica Digital". Ricardo Francisco Ortola Bosio. Amazon.

www.ingramcontent.com/pod-product-compliance
Lightning Source LLC
Chambersburg PA
CBHW080515220526
45465CB00006B/2490